www.dragondor.fr
Les Livres du Dragon d'Or, un département d'Édi8,
12 avenue d'Italie, 75013 Paris
D'après la série « Zak Storm – Super Pirate », basée sur une idée originale de Man of Action
Bible littéraire par Jérémy Zag, Sébastien Thibaudeau et Corpus
Bible graphique par Nathanaël Bronn
Direction d'écriture par Sébastien Thibaudeau, Matthieu Choquet, Romain Van Liemt et Cyril Tysz
Adaptation par Christine Pincemaille, de l'épisode 1 « Origines – 1re partie » de la série *Zak Storm.*
Un épisode réalisé par Philippe Guyenne
Écrit par Sébastien Thibaudeau & Man of Action
Storyboard par Philippe Guyenne & Romain Sordet
Maquette : Nicolas Galy pour NoOok

Loi n° 49-956 du 16 juillet 1949 sur les publications destinées à la jeunesse, modifiée
par la loi n° 2011-525 du 17 mai 2011.
ISBN : 978-2-8212-0925-1
Dépôt légal : avril 2018
Imprimé en U.E.

ZAG HEROEZ

ZAK STORM

SUPER PIRATE

LE TRIANGLE DES BERMUDES

Ce matin-là, une journée extraordinaire débute pour Zak Storm. Une mer déchaînée, c'est idéal pour surfer !

Mais, devant la taille des vagues, il préfère s'équiper d'un porte-bonheur.

Il emprunte discrètement la vieille amulette de son père, qui lui a pourtant interdit d'y toucher.

Et zou ! Il file avec sa planche.

Une fois en mer, Zak enchaîne les **figures acrobatiques** audacieuses en fanfaronnant devant sa webcam. La modestie, ce n'est pas fait pour les surdoués du surf !

Soudain, son père déboule sur la plage et lui crie une étrange **mise en garde** :

– Zak ! **Enlève vite le collier** !

Zak ne se rend pas compte que la gemme de l'amulette s'est mise à briller et que de gros nuages noirs se dessinent dans son dos, formant un crâne menaçant.

Puis une énorme vague surnaturelle surgit devant lui et l'engloutit, au grand désespoir de son père.

LIVE LINK

Zak est attiré sous les flots par l'amulette, et secoué comme dans le tambour d'une machine à laver.

Quand il finit par ressortir à la surface, il est bien soulagé d'être en un seul morceau. Mais quelque chose cloche dans le paysage.

– Elle est passée où la plage ? s'inquiète-t-il.

Aucune terre à l'horizon, il est perdu au milieu d'un océan immense. Et ce qui s'approche de lui dans le ciel, ce n'est pas une mouette. Ça ressemble plutôt à… **un énorme dragon** qui fonce sur lui !

Zak se pincerait sûrement pour se réveiller s'il n'était pas **paralysé par la peur**.

Et ce n'est qu'un début : une gigantesque horreur verte pourvue de tentacules – **un kraken** – surgit de l'eau, gobe le volatile puis retombe lourdement dans la mer dans un fracas d'écume.

– Là c'est sûr, c'est un **cauchemar**, je suis au fond de mon lit en train de dormir, se répète Zak pour se rassurer.

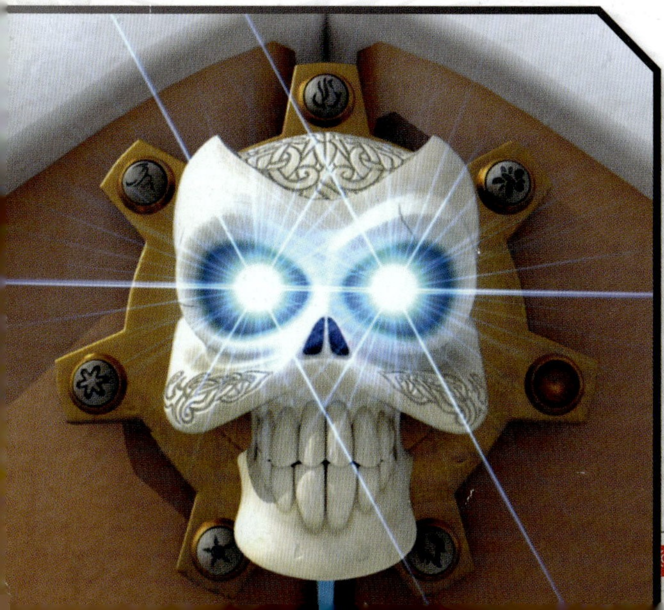

Mais le kraken affamé semble vouloir **ajouter du surfeur à son menu**. Zak se met alors à pagayer comme un fou pour lui échapper, tandis que son amulette **se remet à briller**.

Le signal est perçu à des milles de là. Au sommet du mât d'un étrange galion, se trouve une sorte de crâne… dont **les yeux s'allument d'un coup**.

Du fond de sa forteresse, le terrible Skullivar a lui aussi senti le signal de l'amulette.

– Un objet millénaire est réapparu. Apportez-le-moi ! ordonne-t-il à son lieutenant, Golden Bones.

Le squelette doré s'incline et part immédiatement dans son cuirassé de guerre.

Pendant ce temps, Zak se fait peu à peu rattraper par le kraken.

– Lâche-moi, asticot boursoufflé ! lance-t-il, épuisé, sur le point de se faire avaler.

L'étrange galion, surmonté du mystérieux crâne, surgit alors de nulle part, agrippe Zak dans ses **pattes rétractiles** et l'emporte loin du monstre.

Quand Zak se réveille, il n'est pas dans son lit, mais bien sur le pont du galion où il est accueilli par le seul membre de l'équipage.

Il s'agit d'un jeune fantôme terriblement bavard, nommé Clovis.

– Pas un fantôme, un spectre ectoplasmique. J'ai juste égaré mon corps quelque part, nuance Clovis.

Contrairement aux apparences, Clovis n'est pas vraiment seul à bord. En effet, **le galion lui-même est vivant** !

– Il s'appelle **le Chaos**, précise Clovis. Je t'avertis, il est un peu **susceptible**. Et puis il y a aussi Calabrass…

Boum ! Un tir de canon les interrompt.

C'est le cuirassé de Golden Bones qui les a trouvés, et les accoste. Le galion semble minuscule à côté.

Clovis ayant disparu, Zak se retrouve **seul face à Golden Bones** et ses **soldats squelettes**, qui se mettent à fouiller le Chaos.

Bones repère vite l'amulette au cou de Zak. Il la lui arrache en exigeant des explications :

– C'est l'œil de Beru ! Où t'es-tu procuré un des mythiques yeux des Sept Mers ?!

Comme Zak dit ne rien comprendre de cette histoire, Bones le fait enfermer jusqu'à ce qu'il se montre plus coopératif.

Dans la cabine verrouillée, Zak retrouve Clovis qui peut enfin tout lui expliquer :

– On est dans le Triangle des Bermudes, la poubelle cosmique de l'univers, toutes sortes de choses tombent dedans et restent piégées : humains, monstres marins, squelettes qui parlent… et aujourd'hui, toi !

– Le Triangle est constitué de **sept mers magiques**. Ici, on est dans celle de **Beru**.

– Et comment on en sort de ce Triangle ? demande Zak.

– On ne peut pas ! Mais une vieille légende dit que quand quelqu'un réunira les Sept Mers sous son commandement, le Triangle s'ouvrira de nouveau.

– C'est bien beau les **légendes**, commente Zak devant la porte verrouillée, mais moi j'aimerais déjà pouvoir m'échapper de cette pièce !

– Ah, ça c'est jouable ! réplique **Clovis qui traverse aussitôt le mur**. C'est l'avantage d'être un fantôme. Pardon, un spectre ectoplasmique.

Sur le pont, Clovis se déchaîne contre Bones et ses soldats avec une arme bien à lui, un **bombardement de pets** qui sème une telle pagaille que la cabine est déverrouillée par accident.

Clovis récupère l'amulette et l'envoie à Zak qui se retrouve libre… face à Bones et ses soldats armés jusqu'aux dents.

Zak bat en retraite. Sous l'influence de l'amulette, il est attiré vers le crâne aux yeux lumineux, qui se trouve tout en haut du mât du galion.

Là, la gemme vient s'incruster naturellement dans un emplacement vide du crâne, qui se transforme alors en une **épée** parlant avec une voix de vieux loup-de-mer :

– Salut moussaillon. Moi, c'est **Calabrass** !

Voyant que Bones approche, Calabrass pousse Zak à l'action :

– Vite ! Tourne l'anneau et demande-moi l'**œil de Blazz** !

Zak répète l'incantation sans bien comprendre. Aussitôt, une incroyable **métamorphose** s'opère. Le sabre s'enflamme et une armure aux couleurs de la mer de feu recouvre son bras.

Bones défie en duel le garçon qui ne connaît rien à l'escrime. L'épée magique rassure Zak :

– C'est moi qui me bats. Toi, tu dois juste ne pas me lâcher !

Bones abat sa lame ! Effectivement, Zak n'a aucun mal à **parer les coups**. Il lui suffit de surveiller son **équilibre**. Facile pour un surfeur !

Pendant ce temps, Clovis s'occupe des soldats en noyant le pont sous de gros pets bien puants.

Roublard, Calabrass suggère une tactique à Zak :

– Tu sais ce qu'il y a de bien avec le gaz ? Ça prend feu !

Aussitôt, Zak projette des flammes sur le pont, ce qui fait exploser le nuage et pulvérise les soldats !

Zak prend confiance et repousse vaillamment Bones et ses soldats.

Il les poursuit même jusque sur leur propre navire, quand **Calabrass s'éteint soudain**. Petite précision tardive : quand on utilise un des pouvoirs de l'épée, **elle se décharge très vite** !

Privé de ses pouvoirs, Zak adopte une nouvelle tactique : la fuite !

Il court jusqu'à la barre du Chaos, **mais le galion refuse de bouger**. Zak panique, s'énerve, puis se rappelle que le galion est susceptible et tente la politesse :

– Monsieur Chaos, pourriez-vous nous sortir de là ?

Aussitôt dit, le Chaos tire **un gros coup de canon** sur les ennemis et file au large !

Une fois hors de danger, Zak et Clovis se disent qu'ils formeraient **une bonne équipe pour sortir du Triangle**.

Encore faut-il que le Chaos accepte Zak comme pilote. En guise de réponse, le galion met les gaz avec enthousiasme.

Alors, en route vers l'aventure… **Capitaine Zak Storm** !